QUELQUES IDÉES

DE CONSTITUTION,

APPLICABLES

A LA VILLE DE PARIS

En Juillet 1789.

PAR M. L'ABBÉ SIEYES.

A VERSAILLES,

Chez BAUDOUIN, Imprimeur de L'ASSEMBLÉE
NATIONALE, Avenue de Paris, n°. 62.

24 Septembre 1789.

QUELQUES IDÉES

DE CONSTITUTION,

APPLICABLES A LA VILLE DE PARIS.

IL faut considérer la Ville de Paris sous deux points-de-vue, comme *Municipalité*, & comme *Province*. Il est impossible de traiter ces deux points, sans indiquer au moins une partie considérable de notre plan de Constitution pour tout le Royaume : mais nous n'en dirons que ce qui sera indispensable. Commençons par supposer que tout le territoire François peut être partagé en sept cent-vingt parties ou *Communes*, d'environ trente-six lieues quarrées de superficie, approchant chacune, le plus possible, d'un quarré de six lieues sur six. Paris sera la Cité centrale. Toutes ces Communes doivent recevoir deux organisations très - distinctes. Comme *Municipalités*, elles auront une Législation & une Administration particulières, qui n'intéresseront que leur intérieur, ou plutôt leur localité. Nous disons en conséquence, que dans l'Ordre

Municipal, les Communes ne font point des *tous confédérés*, mais des *tous* en quelque forte indépendans.

La feconde Conftitution à donner aux Communes, dépend de l'union politique qu'on veut adopter pour faire de toutes les parties de la France un grand *tout*, gouverné par la même Légiflation & la même Adminiftration Nationales. Sous ce nouveau rapport, les Communes du Royaume font plus que des *Etats confédérés*; ce font de vraies parties intégrantes & effentielles *d'un même tout*. Cette obfervation eft importante pour qu'on ne nous compare jamais aux *Etats-Unis* de l'Amérique.

Nous partons du principe qu'il faut à la France entière une Légiflation & une Adminiftration *communes* & uniformes; & aux Municipalités, un Confeil & une geftion qui remplacent pour les affaires *particulières*, & repréfentent le pouvoir légiflatif & le pouvoir exécutif; de manière cependant que la Conftitution libre & particulière de chaque Cité ou Commune n'ufurpe point fur la Conftitution générale de l'Etat, & ne gêne en aucune façon la Légiflation & l'Adminiftration Nationales.

On voit donc que fur la même *bafe* doivent

s'élever deux édifices politiques : l'un particulier à la localité, l'autre fait pour se raccorder avec les édifices voisins, pour s'allier avec les autres Communes, & former ensemble la Monarchie Françoise.

Faisons une dernière observation préliminaire, pour achever de développer l'esprit dans lequel nous avons travaillé. Nous n'entendons point soumettre le Gouvernement National, ni même les plus petits Gouvernemens Municipaux, au régime *Démocratique*.

Dans la Démocratie, les Citoyens font eux-mêmes les Lois, & nomment directement leurs Officiers publics. Dans notre plan, les Citoyens font, plus ou moins immédiatement, le choix de leurs Députés à l'Assemblée législative ; la Législation cesse donc d'être démocratique, & devient *représentative*. Les Peuples ont, à la vérité, toute influence sur les Représentans ; nul ne peut obtenir cette qualité, s'il n'a la confiance de ses Commettans ; nul ne peut conserver cette qualité, en perdant cette confiance : mais les Peuples ne peuvent point eux-mêmes faire la Loi, encore moins se charger de son exécution.

Nous venons de dire qu'ils ont toute l'autorité sur ceux qu'ils chargent de faire la Loi ;

il faut ajouter qu'ils doivent influer aussi, quoique d'une manière plus indirecte qui sera expliquée plus bas, sur le choix de ceux qui seront nommés pour l'exécution dans toutes les parties de l'administration publique. Car il faut que les gouvernés puissent avoir pour les gouvernans de l'estime & de la confiance. Ces sentimens sont libres de la part du Peuple, autant que nécessaires au maintien du bon ordre.

On va voir l'influence de ces principes sur le plan que nous soumettons à Messieurs du Comité chargé de donner une Constitution municipale à Paris (1).

----

(1) Ce plan a été, en effet, lu & déposé au Comité des Seize, peu de jours après sa formation. Il n'étoit pas destiné au Public. On s'en apperçoit assez aux négligences de rédaction. Citoyen & Député de Paris, j'ai cru devoir payer ma tâche.

CHAPITRE PREMIER.

Paris considéré comme Province *du* Royaume, *dans* l'ordre législatif.

ARTICLE PREMIER.

SUPPOSONS, pour un instant, toute la France soumise à une nouvelle division de Provinces & de Communes.

Ne disputons point ici sur le nombre de quatre-vingt Provinces ou Départemens, & de sept cent-vingt Communes ou Cités, dans lesquelles le Royaume peut être divisé. Ces données sont indifférentes pour Paris; je n'en ai besoin un moment que pour montrer la *Commune de Paris*, comprenant *la Ville & sa Banlieue*, au centre des sept cent-vingt Communes qui composent le Royaume.

Il faut par-tout neuf Communes pour former un Département d'environ trois cent vingt-quatre lieues quarrées. Mais Paris eſt la Métropole de la France ; Paris & ſa banlieue embraſſent le trentième de la population totale ; enfin, ſa contribution eſt près du ſeptième de la contribution générale. Il faut donc, dans les neuf Communes qui forment le premier Département du Royaume ou la Province centrale, diſtinguer la Commune centrale de Paris, & lui donner tous les droits d'un Département.

Ce privilége ou ce droit ne peut appartenir qu'à Paris. Nous avons donc quatre-vingt-un Départemens, au-lieu de quatre-vingt. Paris eſt le premier, & les huit Communes qui l'entourent forment le ſecond.

Chaque Commune eſt d'environ trente-ſix lieues quarrées. C'eſt un quarré de ſix lieues ſur ſix. Paris & ſa Banlieue doivent ſe rapprocher le plus poſſible de cette meſure.

Si l'on me demande pourquoi je ne borne pas la Cité de Paris à ce qu'elle eſt *intrà muros*, je répondrai que la double Adminiſtration de Paris, conſidéré, ſoit comme Province, ſoit comme Municipalité, ſeroit extrêmement gênée ; que l'on s'expoſeroit à des querelles ſans ceſſe renaiſſantes, ſi ſa police ne s'étendoit pas au-delà de ſes murs. La Capitale ne peut pas demeurer ainſi

ferrée, & entravée à ſes portes, par une Adminiſtration Provinciale qui ne ſeroit pas la ſienne.

A r t. I I.

Paris conſidéré comme *Province*, ou comme
partie intégrante de la Conſtitution Nationale,
doit être ſoumis aux mêmes formes, à la même
Légiſlation & à la même Adminiſtration que les
autres Provinces du Royaume. Je ne m'écarterai
en rien du plan général dans ce que j'ai à dire,
ou j'avertirai des différences que la poſition particulière de la Capitale pourra nous forcer d'établir en ſa faveur.

Je diviſe le *territoire* de Paris & de ſa Banlieue, en neuf Diſtricts, égaux en ſuperficie. Je
prends d'abord cette baſe invariable.

Chaque Diſtrict ſera partagé en neuf Quartiers,
pareillement égaux en ſuperficie ; nouvelle baſe
invariable. Il y aura donc quatre-vingt-un Quartiers.

Les neuf Diſtricts embraſſeront tout, & reſſor-
tiront à l'Hôtel-de-Ville, qui ſera le vrai centre
de la Métropole.

Je ne dis pas que chaque Quartier n'aura qu'un
Aſſemblée de Citoyens ; j'ai égard à l'inégalité

de population. Tel Quartier peut avoir une po-
population dix fois plus nombreuse que tel autre.
Il faut que les Assemblées élémentaires, qui font
les vrais fondemens de la Société politique, ne
soient pas livrées à la confusion & au désordre
qui résulteroit d'un trop grand nombre de Citoyens réunis.

Etablissons une règle générale : les Assemblées
fondamentales ou *primaires* seront de six à sept
cents personnes. Si le nombre des Citoyens qui
auront droit d'y voter excède le nombre de neuf
cents, il se partagera en deux Assemblées à-peu-
près égales ; si ce nombre va au-delà de treize
cents, il s'établira trois Assemblées primaires dans
le même Quartier : ainsi de suite.

Ainsi, chaque Quartier aura au moins *une* Assemblée *primaire* ; mais, suivant sa population,
il pourra en avoir *plusieurs*. Il y aura donc, dans
la Cité de Paris, qui comprend la Ville & la
Banlieue, plus de quatre-vingt-une Assemblées
fondamentales, auxquelles nous pouvons aussi
donner le nom de *Comices*.

On peut en conjecturer le nombre par celui
de la population. Si nous supposons neuf cents
mille ames dans la Commune de Paris, & que,
d'après des calculs assez exacts, nous admettions

que le fixième de la population d'un pays peut, en général, exercer les droits *politiques* de Citoyen ; nous pourrons croire d'abord que cent cinquante mille Citoyens pourront vouloir affifter & voter aux Affemblées primaires. Mais, fi nous faifons attention au nombre prodigieux d'étrangers & de gens non-domiciliés qui font à Paris, ce nombre fe réduira au-deffous de cent mille Citoyens *actifs*. Si l'on remarque que quelques Affemblées pourront avoir plus de fix à fept cents votans, on pourra auffi faire attention que quelques - unes feront au deffous de ce nombre. Ces deux obfervations peuvent fe balancer, & puifqu'il faut adopter des données d'avance, nous pouvons croire qu'il y aura environ cent-quarante à cent-cinquante Affemblées comitiales, réparties inégalement dans les quatre - vingt - un Quartiers de la Commune de Paris.

A r t. III.

Les Affemblées comitiales ou primaires, dans Paris & dans tout le Royaume, font la véritable & l'unique bafe fur laquelle doit s'élever la Conftitution *nationale*, d'une part, & de l'autre, la Conftitution *municipale* particulière à chaque Commune.

La Cité de Paris, avons-nous dit, sera divisée en neuf Diſtricts égaux en ſurface territoriale, & chaque Diſtrict en neuf quartiers égaux, du moins autant qu'il ſera poſſible.

Toutes les Aſſemblées primaires, quel qu'en ſoit le nombre, députeront directement à leur Aſſemblée de Diſtrict.

Ici, je dois arrêter un inſtant l'attention du Lecteur, ſur la loi qui détermine le nombre proportionnel des Députés que chaque Aſſemblée doit envoyer à ſon Aſſemblée commune de Diſtrict. Cette loi doit être la même pour toute la France.

Je ne veux en préſenter que le réſultat : les développemens nous mèneroient trop loin. C'eſt dans le plan de Conſtitution nationale qu'ils doivent être placés.

Souvenons-nous que Paris, conſidéré comme *Province*, doit éprouver les mêmes degrés intermédiaires entre ſes Aſſemblées primaires & le Corps légiſlatif national, que toutes les Provinces du Royaume: il n'y a dans ces degrés politiques que le mot de changé. L'Hôtel-de-Ville répond au mot de Province, celui de Diſtrict répond au mot de Commune ; enfin, celui de Quartier au mot Canton ; d'ailleurs, les Quartiers & les Cantons peuvent, à raison d'une grande population, avoir également plus d'une Affemblée comitiale. Ces Affemblées députeront directement à la Commune ou au Diftrict, afin d'éviter l'inégalité des degrés intermédiaires.

Cela pofé, on peut ériger en loi générale pour toute la France, que chaque Canton où il n'y aura qu'une Affemblée primaire, doit envoyer d'abord,

Une députation pour le *territoire*.

En outre, le Canton que nous avons pris pour exemple, groffira fa députation, à raifon,

1°. De la population active qu'il pofsède ;

2°. De fa contribution forcée ;

3°. De la fomme qu'il fournit au *tribut volontaire* ou *civique*.

Pour entendre ces trois articles, & fur-tout le dernier, il faut faire quelques obfervations.

Suppofons que quatre-vingt Départemens verfent fept cent-vingt Députés à l'Affemblée légiflative nationale. Dans ce nombre total, il y aura d'abord un tiers des Députés ; favoir, deux cent-quarante envoyés avec *égalite* de chaque Province ; c'eft-à-dire, trois par Province territoriale.

Il refte à diftribuer *inégalement* fur quatre-vingt-un Départemens quatre cent quatre-vingt Députés. Ce partage doit fe faire à raifon des

inégalités de population & de contribution, &
aussi à raison des inégalités dans le tribut civique ; car il faudra en établir un de cette nature.

Je divise en trois parties quatre cent quatre-
vingt, & j'ai cent soixante Députés à répartir
sur les quatre vingt une Provinces, à raison de
population inégale & variable.

Cent soixante à raison de l'inégalité de contribution.

Enfin, cent soixante encore, à raison du tribut
volontaire.

Ainsi, je n'ai qu'à supposer la totalité du tribut
volontaire, par exemple, connue & divisée men-
talement en cent soixante parties : autant une Province paiera de ces parties, autant elle aura droit
d'envoyer de Députés au-delà des trois que toutes
doivent nommer sans faute pour le territoire.

On voit que cette opération peut se répéter sur
la masse de la population & sur celle de la contribution forcée.

Ce plan de Députation proportionnelle paroît
compliqué, au premier aspect ; en y revenant, on
le trouvera très-simple, & sur-tout on trouvera.
qu'il falloit établir entre les Provinces la proportion que je viens d'indiquer. Je puis assurer que
ce résultat & tous ceux que j'offre ne sont pas l'ou-

vrage d'un jour ; j'ai épuifé mille & mille
combinaifons avant de me fixer à celle que je
viens de préfenter. J'ai tenu long-temps à l'idée
de déterminer le nombre proportionnel des Députés à chaque échelle repréfentative, par une
raifon compofée où je faifois entrer tous les élémens qui doivent influer fur cette proportion.
Enfin, je me fuis démontré qu'il eft plus fimple
& plus fûr de féparer ces élémens, d'attacher
une repréfentation invariable à ceux qui font in-
variables, & une députation variable & proportionnelle à des bafes variables elles-mêmes.

Il y aura donc fept cent-vingt Députés, au
plus, pour compofer le Corps législatif. Je dis
au plus, parce que dans le calcul de diftribu-
tion il y aura une perte ; c'eft celle des fractions
trop au-deffous d'une cent foixante-troifième partie.

A r t. I V.

Paffons maintenant aux députations des Communes, pour former une Affemblée Provinciale,
& à celles des Cantons, ou plutôt des *Comices*
primaires, pour former l'Affemblée de la Commune qui répond pour Paris à l'Affemblée de
Diftrict.

Je remarque que dans les Quartiers où il y

a plusieurs Assemblées Comitiales, l'une d'elles ayant épuisé par son Député du *territoire* le droit du territoire entier, les autres Assemblées du même Canton doivent, en attendant leur tour, s'abstenir de répéter la même députation pour le *territoire*; mais elles enverront à raison de leur population, de leur contribution votée, & de leur tribut volontaire. Les instructions à cet égard seront à la portée de tout le monde, dès que l'administration de l'impôt se trouvera dans les mains qui doivent le régir. En général rien ne doit être caché dans le nouveau plan d'administration générale.

La remarque que nous venons de faire nous mène à voir que la Cité ou la Commune de Paris étant enclavée dans un Département qui députera pour le territoire entier trois personnes, Paris ne doit pas répéter la même députation : comme territoire, Paris ne sera que le neuvième de la Province dans laquelle il est enclavé : or, on ne peut pas prendre le neuvième de trois Députés. Mais l'exacte justice demande que Paris puisse envoyer la députation du territoire tous les neuf ans, ou mieux, un Député pour cela tous les trois ans.

Reprenons les cent-quarante Assemblées primaires de la Province particulière de Paris.

Ce

Ce n'eſt que dans l'article ſuivant que nous trai-
terons des qualités néceſſaires pour être admis à
voter dans les Aſſemblées. Ici nous ſuppoſons ces
Aſſemblées toutes formées , il s'agit de les faire
députer *proportionnellement* à leur Aſſemblée de
Diſtrict. Les baſes de cette proportion , ſavoir. la
population , la contribution forcée & le tribut volontaire feront , connues ; rien ne ſera donc plus
facile que de déterminer le nombre reſpectif de
Députés que chaque Aſſemblée primaire doit
élire.

Suppoſons que pour l'enſemble des neuf Aſſemblées de Diſtrict , on veuille 600 Députés , ce
ſera

200 Députés à répartir pour la population active.

200 Pour la contribution forcée.

200 Pour le tribut civique.

600.

Ainſi autant chaque Aſſemblée primaire four-
nira de deux centièmes parties de population , &c.,
autant elle choiſira de Députés.

Les ſix cents Députés arriveront en nombre inégal
dans les neuf Aſſemblées de Quartier. Cette raiſon

n'empêche pas que la députation Provinciale ne s'y faſſe enſuite très-aiſément ; il ſuffira que chaque Aſſemblée de Quartier éliſe un nombre de Députés égal au *tiers* de ſes Membres. Dans cette opération, nulle proportion ne ſera rompue, & l'Aſſemblée Provinciale de Paris ſe compoſera de deux cents perſonnes.

Cette gradation aſcendante doit être exactement la même dans toutes les Provinces. Suivons-la juſqu'à la Légiſlature Nationale.

Chaque Aſſemblée Provinciale enverra au Corps légiſlatif un nombre de Députés proportionné au nombre total à fournir par tous les Départemens enſemble.

Si nous voulons nous former une idée de ce que la Cité de Paris doit envoyer de Députés au Corps légiſlatif, nous compterons :

1°. Pour le territoire. 0

2°. Pour ſa part de population, le trentième au moins de cent-ſoixante, ce qui fait . . . 5

3°. Pour ſa part de contribution votée, le ſeptième de cent ſoixante : donc, . . . 23

4°. Enfin pour ſa part du tribut civique, je préſume que ce ſera le dixième de la toalité, divifée également en cent foixante par-

ties, ou 16

44

. La Commune de Paris aura donc le droit d'envoyer quarante-quatre Députés au Corps légiflatif, fur le nombre total de fept cent-vingt. Aujourd'hui elle en élit quarante, & la Banlieue
n'y eft pas comprife.

Il fera néceffaire de régler que les deux cents
Membres de l'Affemblée Provinciale choifiront
ces quarante-quatre Députés, non-feulement parmi eux, puifqu'ils ne font pas les feuls qui ayent
la confiance des premiers Electeurs, non pas auffi
hors des fix cents Députés, qui ont formé les
neuf Affemblées de Diftrict, parce que ces fix cents
Députés font les feuls, pour le moment, que l'on
puiffe dire avec certitude, jouir de la confiance
actuelle des Citoyens. D'ailleurs, cette condition
engagera tous les Citoyens actifs à ne pas
négliger les Affemblées comitiales. A l'avenir,
on pourra établir une règle générale plus com-
mode, & qui laiffera plus de latitude au choix.

A r t. V.

. Toutes ces Affemblées, jufqu'à celle du Corps

légiſlatif, ſeront renouvelées par tiers tous les ans ; ainſi chaque Député y ſera pour trois ans. Au bout de la première année les Aſſemblées inférieures choiſiront parmi les Membres qu'ils auront députés à l'Aſſemblée ſupérieure, le premier tiers qui devra ſortir. Il ſera fait de même à la fin de la ſeconde année : il faut eſpérer qu'on s'efforcera de ne pas mériter ce choix.

Après la troiſième année, ce ſera aux plus anciens à quitter la place ; & ainſi de ſuite.

Si la députation totale n'eſt pas diviſible par trois, on laiſſera un ou deux Députés de plus pour être remplacés avec le premier, le ſecond ou le troiſième tiers, ſuivant la détermination de l'Aſſemblée.

Ces Aſſemblées primaires & ſecondaires n'auront, relativement à la légiſlation, que le *choix des Députés*. Je répète ſouvent ce principe, pour rappeler ſans ceſſe que nous voulons une Conſtitution *repréſentative* & non *démocratique*.

Mais, relativement à l'Impôt & aux Milices Nationales, les fonctions des Aſſemblées intermédiaires doubleront d'importance. On peut diſtinguer ces fonctions par les noms de fonctions *aſcendantes* & *deſcendantes*. Il en ſera queſtion dans le Chapitre ſuivant. Les Aſſemblées de Département, ainsi que nous le verrons, doivent avoir de plus le *Conseil public* sans décision.

A r t. V I.

Le tribut volontaire que j'ai demandé, doit être véritablement libre & volontaire. Un temps viendra où il pourra rapporter une somme immense à l'Etat; aujourd'hui il faut se borner à la plus petite taxe possible: mais on doit sentir d'avance que ce tribut sera au gré des conventions nationales, qui seules peuvent juger en cette matière le moyen politique le plus facile pour régler le nombre des Citoyens *actifs*, suivant le zèle & la capacité que les François montreront à *exercer* leurs droits politiques.

Je voudrois, pour ce moment, que tout Citoyen de Paris qui ne paiera pas volontairement la somme de 3 liv. fût censé vouloir se priver ou s'abstenir d'exercer les droits de Citoyen *actif* dans son Assemblée Comitiale. Ceux qui ne voudroient pas se faire inscrire & payer cette légère somme, n'auroient pas véritablement envie de venir voter à l'Assemblée; sûrement ils ne songeroient pas même à se plaindre: ainsi, point d'inconvénient à cette condition.

Les avantages du tribut volontaire, outre celui que je viens d'indiquer, & qui eſt le plus eſſentiel, ſont innombrables; je me contente de dire que de nouveaux établiſſemens demandent de nouvelles dépenſes. Dans la circonſtance, l'eſprit d'économie pourroit influer un peu trop ſur l'eſſence d'une nouvelle Conſtitution, ſi l'on ne pouvoit pas tirer d'elle-même tous les fonds néceſſaires à ſon maintien, &c.

Tôt ou tard le tribut volontaire ſe partagera en deux parties, l'une pour les dépenſes utiles ou agréables de la Commune, l'autre pour aider, ſous le même point-de-vue, les dépenſes générales de l'Adminiſtration Nationale. Aujourd'hui il faut réſerver la totalité pour l'établiſſement & le maintien des deux nouvelles conſtitutions, *Municipale & Nationale.*

Pour ſe montrer Citoyen *actif*, il ne faudra payer que 3 liv., mais pour être *éligible*, il faudra dès-à-préſent payer 12 liv. Ces deux tributs porteront le nom de tribut des Electeurs, & tribut des éligibles, ou plutôt de *grand & petit* tribut.

Art. VII.

On ne peut pas être auſſi difficile aujourd'hui ſur les qualités néceſſaires pour être Citoyen *actif*,

qu'on pourra le devenir lorfqu'une éducation nationale & de nouveaux intérêts auront amélioré
l'efpèce humaine en France.

Alors, c'eft-à-dire dans l'avenir, pour être inf-
crit parmi les Citoyens actifs, il faudra fe montrer capable de devenir Membre de la grande
affociation ; il faudra faire preuve qu'on n'eft
point étranger aux connoiffances fociales, qu'on
n'eft point inhabile à tout travail, puifque le
travail eft le vrai fondement de la Société, &c.
Il faudra enfin être domicilié, & payer le tribut
volontaire annuel au moins pour la feconde fois.

Dans ce moment, contentons-nous d'exiger
que celui qui veut fe faire infcrire dans le nombre
des Citoyens actifs d'un Canton, ou d'un Quartier,
foit François ou devenu François, qu'il y foit
domicilié au moins depuis un an, qu'il foit ma-
jeur & contribuable, & enfin qu'il paye librement
le petit tribut.

Ces confidérations fuffiront pour être *Electeur*
à l'Affemblée primaire. Les conditions pour être
éligible, ne peuvent pas encore être exigées à la
rigueur; il faut attendre que les Comices foient
en état de faire des liftes permanentes d'*éligibles*.
Ce fera un reffort focial des plus puiffans.

Nul Citoyen ne doit exercer les droits de Ci-

toyen actif , hors de son domicile , & dans plus
d'un endroit ; ce seroit admettre l'inégalité dans
les droits politiques.

Mais je fais une exception pour les domiciliés
à Paris : il est, je pense, d'une bonne politique
de ne pas interdire à ses Habitans un second
domicile ailleurs , ni l'exercice des droits qui y
sont attachés La Capitale n'est pas seulement une
Ville particulière ; elle est encore la Ville *commune* , la Métropole de tous les François. L'exception que nous faisons est plutôt à l'avantage
des campagnes que de Paris même ; c'est un droit
commun plutôt qu'un privilége.

CHAPITRE II.

Paris considéré comme Province *dans l'ordre de l'administration représentative.*

ARTICLE PREMIER.

Nous avons traité jusqu'à présent des fonctions *ascendantes* de toutes les Assemblées jusqu'à celle du Corps législatif.

Le Pouvoir exécutif, ou les divers départemens de l'Administration générale, ont besoin d'avoir dans les Départemens, dans les Communes, & même quelquefois dans les Cantons, des Officiers, des Agens qui reçoivent les ordres, & en assurent l'exécution, &c.

Le Gouvernement général, ou le pouvoir exécutif National, peut se diviser en quatre grandes parties.

La Justice, y compris la police générale;

L'instruction publique;

La furintendance des foins , travaux & fecours publics;

Les relations extérieures de la Nation.

Les forces de mer & de terre font comprifes dans ce département.

Nous avons dit qu'il falloit laiffer au Peuple une influence réelle fur le choix des Officiers publics qui ont à exercer quelque partie de l'autorité ou de l'agence publique. Pour cela , il faut que les Affemblées repréfentatives , dont nous avons réglé la formation, faffent leur *lifte d'éligibles pour l'adminiftration*, comme les Affemblées primaires doivent faire leur *lifte d'éligibles pour leur repréfentation*. Les Citoyens ne nommeront point les Officiers publics , mais il ne fera nommé que des gens de leur choix.

L'Affemblée Provinciale fera donc une lifte d'Éligibles pour le fecond degré de l'Adminif-tration générale , c'eft-à-dire , pour les places provinciales. Cette lifte & toutes celles de même nature , contiendront au moins trois fois plus de noms , que les Officiers fupérieurs de l'Adminif-tration n'auront de places à donner.

L'Affemblée de Diftrict fera une autre lifte pour les Éligibles aux emplois adminiftratifs du Diftrict , qui fervira en même temps pour les

Agens à employer dans toute l'étendue des Quartiers.

D'ailleurs, toutes les parties du Gouvernement doivent correfpondre entre elles, les Inférieurs être nommés par les Supérieurs, & n'avoir d'ordre à recevoir que de leurs Supérieurs.

Le Corps légiflatif doit *préfenter* fa lifte d'éligibles pour les grands Offices de l'Adminiftration nationale, & le Roi nommera à fon gré fur cette lifte.

Bien entendu que ces Miniftres feront refponfables & comptables au Pouvoir légiflatif.

Art. II.

La Métropole du Royaume eft, relativement à l'Adminiftration générale, dans une pofition toute particulière. Paris eft naturellement le lieu de la réfidence du Corps légiflatif, que je fuppofe permanent.

Par-tout où eft l'Affemblée légiflative, elle doit être libre ; elle doit être fouftraite même à la poffibilité d'aucune atteinte de la part du Pouvoir exécutif ; on doit même chercher à affoiblir autour d'elle l'influence que ce pouvoir dévorant s'efforce d'exercer par-tout.

De-là il fuivroit que la ville de Paris doit être dé-

tachée des quatre grands départemens du Pouvoir exécutif. Je ne dis pas que Paris ne doive
pas être régi par les mêmes Loix & dans les mêmes
formes d'administration générale, qui seront éta-
blies par-tout. Je dis seulement que les Loix qui
émaneront de la Législature pourroient être adres-
sées d'une part, pour tout le Royaume, aux
quatre grands Chefs ou Ministres des quatre départemens ; de l'autre, à quatre Chefs particu-
liers pour la Cité de Paris, de manière que le
pouvoir exécutif de Paris n'eût point d'intermédiaire entre lui & la Législature nationale, entre
lui & le Roi, & ne dépendît en rien du pouvoir ministériel.

Je dirai tout-à-l'heure, que le titre de *Maire
de Paris* ne pouvant appartenir qu'au *Roi*, il
se trouve par-là à la tête du Pouvoir exécutif
de Paris, de la même manière qu'il est déjà
à la tête du Pouvoir exécutif de la Nation entière.

Mais, pour dire toute ma pensée sur cet article,
j'ajouterai que la précaution politique qu'il pré-
sente n'est pas indispensable, si l'Assemblée Nationale nous donne d'ailleurs une bonne Constitution.

CHAPITRE III.

Impôt & Milices ; deux fortes d'adminif-tration inféparables de la Légiflature, & étrangères, par leur nature, au Pouvoir exécutif.

JE ne veux pas répéter ici les puiſſantes raiſons qui doivent déterminer tout Peuple qui veut être libre, à réſerver conſtamment auprès de la Nation ou de ſes Repréſentans, la double force de toute Société, ſavoir, l'argent & la Milice. Je dis hardiment qu'on n'a pas aſſez réfléchi ſur la garantie complète de la liberté publique, quand on ne regarde pas ce principe comme fondamental en politique.

Je ne parle pas de l'Armée ; l'Armée eſt entièrement ſous le commandement du Roi ; mais cette machine eſt hors de meſure avec l'adminiſtration intérieure. Elle ne doit agir que dans l'ordre des relations extérieures. Elle appartient au département des *affaires étrangères*.

Outre l'armée, il y a encore en commiſſion dans toutes les Communes, & aux ordres, ſurtout, du département de la juſtice, une force intérieure légale qui exige une Conſtitution toute différente.

La force *en commiſſion* tant intérieure qu'extérieure, eſt une ſorte de contribution que la Nation doit pour le maintien de ſon établiſſemént public.

C'eſt l'argent & la force individuelle de chaque Citoyen qui fourniſſent l'impôt & l'armée.

C'eſt aux ſept cent-vingt Communes à combiner ces deux élémens, & à les tenir prêts, pour garantir la Nation de tous les événemens poſſibles.

C'eſt aux Repréſentans à détacher de cette double force Nationale ce qui eſt néceſſaire, ſoit pour maintenir l'établiſſement public, ſoit pour lui aſſurer une force d'exécution également néceſſaire.

Ainſi, c'eſt aux Repréſentans de la Nation, dans toutes les échelles repréſentatives, à adminiſtrer ces deux forces en recette & en emploi, ſous les ordres du Corps légiſlatif.

D'après ces ordres , la recette & la dépense se font au gré de la Nation.

La combinaison des forces individuelles , & l'offre aux différens chefs exécutifs de ce qu'il leur faut pour assurer l'obéissance , se font également sans danger pour la Nation.

On voit que le Corps législatif ne commande point, il n'exerce jamais aucune partie du Pouvoir exécutif; mais il crée les combinaisons *d'argent & de force* sur les besoins publics, & les livre ensuite aux Chefs qui doivent les dépenser au service National & Municipal.

L'armée & les forces intérieures sont détachées de la grande Milice Nationale, mises en commission dans les mains du Roi & d'un *Prévôt* dans chaque Commune, tout comme un vaisseau est construit, gréé, armé avant d'être confié au commandement d'un Capitaine.

D'ailleurs , ces deux sortes d'administration , l'impôt & la Milice nationale, sont, en principe, très-distinctes des fonctions du Pouvoir exécutif. Il appartient évidemment à celui qui crée un établissement , & à celui qui lui donne des Loix, de lui continuer la vie & la force d'exécuter ses Loix; sans quoi , il ne crée que pour un moment. Un particulier qui nomme & paye son Procureur , n'eft pas cenfé ufurper fes fonctions en le payant.

On doit fentir que, fous ces deux points-de-vue, ainfi que je l'ai déjà obfervé, l'Affemblés des Départemens & celle des Diftricts vont être oc-cupées très-utilement.

Ce n'eft pas ici le lieu d'entrer dans les détails de la double inftitution : *Impôt & Milice*. Il nous fuffira d'obferver encore, que chaque Affemblée repréfentative doit nommer dans fon fein deux *directoires*, pour gouverner ces deux fortes d'adminiftrations légiflatives, & qu'elle ne doit fe réferver que la furveillance la plus attentive.

Quant au Pouvoir conftituant, il eft de principe qu'on ne peut le foumettre à aucune forme, à aucune règle, &c.

Le Pouvoir conftituant eft la volonté nationale, s'exprimant, de quelque manière que ce foit, fur tout ce qui peut intéreffer la Conftitution.

Mais, quoique la volonté nationale foit, en ce fens, indépendante de toute forme, encore faut-il qu'elle en prenne une pour fe faire entendre. Vingt-fix millions d'hommes ne s'affemblent point fur la même place publique : il faut donc des degrés in-termédiaires ; ceux que nous avons propofés pour déléguer le Pouvoir légiflatif, font les plus fimples, les plus naturels, & les mieux proportionnés à tout

ce

ce qui doit avoir de l'influence fur la formation de la Loi. Il eſt donc vraiſemblable que la Nation, accoutumée à cette forme repréſentative, n'en voudra pas d'autre, & qu'il n'y aura d'autre différence entre les deux repréſentations, que celle d'un plus grand nombre de Députés pour l'exercice du Pouvoir conſtituant. Je voudrois encore qu'il y eût, entre l'Aſſemblée conſtituante & les Citoyens Commettans, un degré intermédiaire de moins qu'entre les Commettans & le Corps légiſlatif. Il eſt bon, relativement à la Conſtitution, que la volonté primaire influe de plus près & plus puiſſamment. Enfin l'Aſſemblée conſtituante n'a point à exercer ces fonctions adminiſtratives qui exigent des diviſions graduelles, pour embraſſer des enſemble auxquels il ſeroit impoſſible, ſans cela, de donner l'attention & l'action convenables.

CHAPITRE IV.

Paris confidéré comme Cité *ou comme* Municipalité *diftincte.*

APRÈS avoir montré Paris dans fes grands rapports nationaux ; après avoir développé la manière dont il concourt à la formation de la Loi, dont il remplit les fonctions d'adminif-tration légiflative, & enfin dont il eft foumis à l'uniforme adminiftration du Royaume, il eft temps de le préfenter dans fa municipalité dif-tincte, comme le font les fept cent-vingt Communes qui compofent le Royaume.

La différence eft ici dans l'importance de la Capitale, & dans fon énorme population, quï exigent, dans fa combinaifon municipale, un degré intermédiaire inconnu à toute autre *Cité* du Royaume, excepté peut-être Lyon.

Paris eft, comme une Province entière, confti-tuée en Municipalité.

Nous n'avons pas befoin de changer les *bafes* que nous avons employées jufqu'à préfent. Les mêmes Comices peuvent former une Affemblée de Diftrict exprès pour les affaires de la *Cité*, & les Affemblées de Diftrict choifiront immédiatement le *Confeil municipal* pour la *légiflation* particulière à la *Cité*.

Ce Confeil peut être compofé de deux cents Repréfentans, pris dans les fix cents Députés des Comices. Ils formeront enfemble le grand Comité légiflatif; foixante d'entr'eux, divifés en fix Bureaux, de dix chacun, feront fpécialement chargés de furveiller les fix départemens de l'adminiftration municipale, de prévenir & de confulter le Confeil légiflatif des deux cents.

Le pouvoir d'exécution, à l'exception du commandement de la garde municipale, fera tout entier dans les mains d'un *Régent*, élu au fcrutin par les Affemblées primaires elles-mêmes.

Premier Département.

La recette des deniers de la ville. Deniers anciens. Nouveau tribut volontaire.

Second Département.

La dépense seulement, car le choix & la décision des emplois appartiennent au Conseil municipal.

Troisième Département.

La direction des nouveaux travaux publics, & des soins & travaux ordinaires *donnés à bail.* Approvisionnemens & subsistances, Boues, lanternes, spectacles, foires, &c.

Quatrième Département.

La police prise pour le contrôle & la surveillance de tous ces travaux, sur-tout pour l'article des subsistances; elle s'exercera tant sur les agens & entrepreneurs publics, que sur les simples Citoyens obligés à des charges publiques, comme nettoyage des rues, &c.

Cinquième Département.

La police prise pour moyen d'exécution ou pour la méthode la plus prompte d'obliger les Entrepreneurs, les Agens & les Citoyens à remplir leurs charges municipales; d'où *Jurés municipaux*, & *grand-Juge de Police municipale*. Il faut prendre garde de ne pas ufurper les fonctions de la grande police; elle appartient à l'Adminiftration générale, ainfi que la Juftice.

Sixième Département.

L'adminiftration des hôpitaux & autres établif-femens de charité, & des fecours publics de toute efpèce, appartenant fpécialement à la Ville.

Chaque Département aura un Chef d'agence, fous le titre de *Procurateur*, ou tout autre.

Tous ces Chefs feront nommés par le *Régent* de Paris, fur la lifte préfentée par le Confeil municipal; & cette lifte contiendra au moins dix-huit perfonnes. Les Agens ou Adminiftrateurs ne pourront point être au nombre des Repréfentans. Ils feront tous comptables & refponfables.

Les inférieurs dans les Diftricts & les Quartiers feront nommés pareillement fur les liftes des Affemblées de Diftrict.

Le commandement de la garde municipale forme un *feptième Département*. C'eft la force intérieure qui affure l'exécution de tous les actes émanés de l'Adminiftration générale & municipale dans toute l'étendue de la Commune. La garde Parisienne n'est pas toute la Milice Parisienne ; elle n'en est qu'une partie détachée & mise en commission par le *Directoire Provincial*. Le Commandant de la Garde, sous le nom de *Prévôt* de Paris, doit être élu au scrutin, comme le *Régent*, par les Assemblées primaires. Dans les deux cas, c'est la pluralité des votes recueillis dans toutes les assemblées, & non la pluralité des assemblées, qui décide l'élection ; autrement, comme il a été prouvé ailleurs, la minorité pourroit faire la loi à la majorité.

Au-dessus des deux administrations municipale & générale, seront le Maire de Paris, & son Lieutenant de Maire ; mais ces deux places ne donneront que la *présidence*, la *surveillance* & toutes les *représentations honorifiques*.

Ainsi Paris ne sera pas ce que le François appelle une République, lorsqu'il veut dire qu'il n'y aura plus d'ordre ni de tranquillité ; Paris sera, comme toutes les Communes du Royaume, soumis à la Loi, au Roi, & à l'autorité municipale.

La *Mairie* de Paris ne doit point être séparée de la Couronne ; la *Lieutenance de Maire* sera dévolue au *Président* du Corps législatif actuellement en fonction : car ce n'est qu'une place honorifique.

& nous fuppofons l'Affemblée Nationale perma-
nente à Paris.

Toutes les places, tant dans l'Ordre légiflatif
que dans l'Ordre adminiftratif, ne font que pour
trois ans, avec cette différence, que les Adminiftrateurs pourront être continués, s'il n'ont pas été
rayés de la lifte des éligibles; & qu'au contraire
les Légiflateurs ne font rééligibles qu'après un in-
tervalle de trois ans. Il eft inutile de répéter qu'ils
fe renouvelleront par tiers tous les ans.

Je n'entrerai point dans d'autres détails fur la
Régence municipale; je n'ai point les connoiffances qu'il faudroit pour cela.

Dirai-je, en finiffant, qu'il n'eft pas un alinéa,
dans ce que je viens d'écrire, où je n'aye été dé-
terminé par dix fois plus de raifons & de motifs
que je n'aipu en expofer? Mais, au milieu de nos
occupations, comment trouver le temps de fixer
& de lier toutes fes idées?

www.ingramcontent.com/pod-product-compliance
Lightning Source LLC
LaVergne TN
LVHW010442060726
842527LV00005B/1652